U0826447

大家小小书
篆刻　程方平

中国历史小丛书

主　　编　吴　晗
编　　委　丁名楠　尹　达　白寿彝　巩绍英
刘桂五　任继愈　关　锋　吴廷璆
吴晓铃　余冠英　何兹全　何家槐
何干之　汪　篯　周一良　邱汉生
金灿然　邵循正　季镇淮　陈乐素
陈哲文　张恒寿　侯仁之　郑天挺
胡朝芝　姚家积　马少波　翁独健
柴德赓　梁以俅　傅乐焕　滕净东
潘絜兹　戴　逸

新编历史小丛书

主　　编　戴　逸
副 主 编　张传玺　唐晓峰　黄爱平
总 策 划　韩　凯　张　淼　李翠玲
执行策划　安　东　吕克农
编　　委　王　玮　王铁英　孔　莉　孙　健
刘亦文　李海荣　沈秋农　高立志
统　　筹　高立志

新编历史小丛书

屈原

浦江清 著

北京出版集团
北京人民出版社

目　　录

明代绘屈原像

引　言

屈原是最早出现在中国文学史上的大诗人。他生活在战国时代的楚国，离开我们有二千三百年了。他好比遥远的天空里的一颗巨星，放射出神奇灿烂的、永恒的光辉，光亮了祖国的诗坛。

在屈原以前，我们还有诗的更早的传统。《诗经》是一部无可比价的古代诗歌的宝库，收集了从公元前一千年到公元前六百年左右的周文化全盛时期的诗。那里面有宗教祭歌，有情歌，有政治诗，有农民、战士的歌唱，内容异常的丰富。祖国文化的悠久，值得我们赞叹，值得我们热爱。可是几乎全部都没有作者姓名。在那个时期，诗是社会的、公共的产物，还没有个别的大作家兴起。

从春秋到战国，周文化衰落了，结合着礼教和音乐而歌唱的诗也消沉了。在北方中原各国发达了散文。惟独在原先是文化落后的楚国，突然有几位诗人起来，他们传递了诗歌的火焰。他们都是个别的作家，他们所写的是长篇巨制称为“赋”或“楚辞”的东西，其实就是楚声楚调的长诗。其中屈原是开创者，也是最杰出的诗人。

汉水、长江流域的优秀民歌启发

了诗人的创作。楚国特有的宗教、古代神话、神仙传说、历史传说都做了诗人的题材。屈原曾经向中原的经典学习，获得了运用文字的熟练的技巧，组织进南国的方言，改革了《诗经》的体制，扩大了诗的语汇。他博学多能，有进步的政治观和历史观，有哲学思想，他从楚国原有的宗教诗歌的基础上向前推进，发展了政治诗和抒情诗。向来不曾为周民族所征服的荆楚民族，自己建立了一个强大的王国，有好几百年的历史了，到这时找到了他的代表诗人来宣泄它的文化蓄积。屈原是楚民族文化的优秀代表，他是楚民族的灵魂。

他不但是诗人而且是有远见的政治家。他生在楚国由极强大走向衰亡的历史的转折点上，为着民族的存亡，他的一生和贵族党人做了坚强不屈的斗争。他被迫害，被放逐而自杀。他的坚贞不屈的人格贯注在诗篇里，使人兴奋，使人嗟叹，使人景仰。我们在二千三百年以前，有像屈原那样的一位诗人是值得我们骄傲的。

为历史材料所限制，对于这位诗人的一生，我们也只能知道个大略。后面的叙述是依据司马迁《史记》里的《屈原列传》，参照楚国的史料和屈原的可信的诗篇整理出来的。屈原的作品，除去显然是伪作和有可疑之点的，留剩《离骚》《天问》《九歌》，和《九章》中的《惜诵》《抽思》《哀郢》《涉江》《橘颂》《怀沙》六篇，

清任熊《屈原》扇面

没有问题，本文据以考证他的事迹。《惜往日》篇虽也被引用，只是作为后人叙说屈原的话。学者们意见分歧不曾解决的问题很多，这里所写大概按照笔者自己的研究和推测，不可避免地有些是主观的判断，留待学者们的指正的。

一、屈原的家世与出生

屈原姓屈，名平，字原。照古人的习惯，名和字是相应的，高的平地叫作原，所以他名平而字原。《史记》上说，他是楚王的同姓。楚王姓熊，他姓屈，怎样说是同姓呢？原来屈氏的始祖屈瑕是楚武王熊通的儿子（或者侄儿），称为莫敖王子的，他有一块封地在屈，屈本来是地名，后来便作为这一支王族分支的姓氏了。在古代，姓和氏是有分别的，严格说来，屈是氏而不是姓，熊也是氏而不是姓，论姓，他们都姓芈（音米）。

史书上说，楚是芈姓之国，意思是统治楚国人民的王族姓芈。历代相传的楚王都称熊氏，熊是王室的氏。在王室周围有许多王族的分支，对王室有或近或远的血缘关系，叫作“公族”，屈氏是楚国公族之一。

据古史传说，芈姓是祝融氏部落的八姓之一，他们的老根据地在河南郑地，所以原来也是中原的一个氏族。远在西周以前，这氏族被迫南徙，沿着汉水，到了湖北，他们开发了蛮夷之区，在生活上也同化于蛮夷。这一带的蛮夷，周人称之为荆蛮。楚的开国主熊绎就是荆蛮中间的芈姓君长，据说他曾经受过周成王的册封，在名义上承认了周的宗主权，其实是独立的。当初周人灭商，也只统一了北方中原之地，对于汉水、长江流域，力量有所不及。到周昭王起了侵略野心，大举南征，曾经引起了荆蛮、徐夷、淮夷这几个民族的联合反抗，昭王兵败，死在汉水。熊绎的后代熊渠，当周夷王时，吞并了江汉间的许多小国，占有今湖北全省之地。周宣王命召虎南征，楚国又被压迫；到周室东迁，楚又强大。在春秋初年，楚主熊通称王，就是楚武王，统治荆蛮民族的全部，建都于郢（今湖北江陵县）。从春秋到战国，楚愈来愈强大，削灭了周人在南方所建立的许多国家的统治政权，统一了汉水、长江流域，成为南方惟一的大国。到屈原时代，楚国已经有七百年的历史。

莫敖王子死后，历代的楚王就屈氏门中立一人做莫敖，继承爵位。打开楚国历史来看，屈姓的名人很多，如屈重、屈完、屈建、屈荡、屈巫等，或为莫敖，或为大夫，都在春秋时代。直到战国，屈氏的子孙兴盛，和昭氏、景氏并称公族中的三大姓。

屈原的父亲名叫伯庸（见《离骚》诗），他不像有政治地位，家庭也贫穷。因为屈原自己在《惜诵》诗里说过：

思君其莫我忠兮，忽忘身之贱贫。

我们对于《惜诵》那篇诗，看不出有伪作的成分，所以相信屈原是个贫贱出身的人。有人认为屈原是贵族，这是把公族和贵族混为一谈。固然多数贵族是公族，楚国的政权向来操在王子王孙和同姓宗亲手里，但是也还有别姓而有封爵的，所以贵族不等于公族。同时公族也不全是贵族，即以屈族而论，从屈瑕到屈原已经有五百年，子孙繁衍，不知道有多少人家，其中自然有贵显的，也有贫贱的。贫是经济上的贫穷，贱是政治地位的卑微。屈原的父、祖如果曾经服役于王室，可能只在卑微的职司。因此，照我们的判断，屈原除了他的姓是贵姓，他的家庭出身是同于平民的。至少他是出身于一个没落了很久的贵族家庭的。因此，我们也可以懂得他在《离骚》诗里把自己比作傅说、吕望、宁戚那班出身贫贱的贤臣，并非不合于他的身份了。

楚国的政治是贵族政治。在楚悼王时，政治改革家吴起到了楚国，他认为楚国的政治坏在贵族腐朽，官爵太滥，公族的给养费用太大，提出了改革的计划：要使封君的子孙，“三世而收爵禄”，就是说，爵位只给到第三代为止；要“明法审令，捐不急之官”；要“废公族疏远者，以抚养战斗之士”。悼王信任了他，一度实行新政，收到很好的效果。当时还使好些贵族远徙到地广人稀的地区去开发生产。结果贵族们痛恨吴起，到悼王一死，便围攻他，把他杀了。从这里可以知道，楚国的公族人家是由朝廷给予经济给养的，而疏远的曾经一度被汰削。屈原出身于贫穷的家庭，因此他富于平民思想，他接近人民。同时，他到底是公族子弟，是芈姓子孙，他是要对于王室尽忠忱的。他同楚怀王的关系不过是五百年前共一家，并不是亲近的宗室。他受楚怀王的特殊宠爱，是遭到专权的贵族们的嫉视和抑制的，他坚决和他们做斗争。这一切都可以从他的阶级成分得到解释。

屈原约生于公元前三四〇年左右，至今学者之间还没有定论。[①]本文作者想贡献一个最近研究的结论，略去详密的考据和推算，只作简要的解释。《离骚》诗的开始说：

元张渥《屈原像》

摄提贞于孟陬兮，惟庚寅吾以降。

这两句哑谜似的句子包含了诗人的生年、月、日。诗人的意思是说："我生在摄提格之年，孟陬之月，庚寅之日。""孟陬"是夏历正月，"摄提格"是岁星纪年的名称。岁星就是木星，也一名摄提。原来战国时代，还没有用干支来纪年的，那时的天文占星家有一种奇特的习惯，他们观察木星在天空中的位置拿来做纪年之用。木星在星空中绕行一周，约需十二整年，如果今年在正月和太阳交会，明年便在二月，十二年后又回到正月。他们把木星在正月里和太阳交会的那一年叫作"摄提格”，我们可以把它翻译做“正年”，“格”的意义是“正”。所以屈原生在正年正月庚寅日。根据古代天文和历法的推算，他应该生在楚威王元年正月十四日庚寅，即公元前三三九年阳历二月二十三日。

木星是行星中间最明亮的一颗，古人把它称为岁星，并且看作尊贵的天神所凭依，岁星所照临的地域（“分野”），五谷丰登，岁星所照临的月份也是吉月。楚国的宗教是原始巫教发展提高的，楚王族自认为颛顼帝和司天文官职的重黎氏之后，所以也最敬重天神。屈原生在正年正月，得天文之正，是吉利的，因而他的父亲给他取名叫“平”，平的意义就是“正”。

《离骚》“名余曰正则兮”说明他父亲命名的意义。而屈原一生也把“平正有则”“守正不阿”的精神作为立身处世的规律。

屈原的出生地点是楚国的都城郢。西汉的楚辞家东方朔曾说：

平生于国兮，长于原野。（《七谏》）

“国”指国都，就是郢。屈原也把郢作为故乡，他在被放逐离郢时候说，“去故乡而就远兮”，“发郢都而去闾兮”，“去终古之所居兮”，在那首《哀郢》诗里有三个地方指明了这事实。所以许多人认为他是湖北秭归县人，那是不可靠的，是后来的附会（始于北魏时人所作的《水经注》）。我们知道当时公族以屈、景、昭三姓为盛，称为“三闾”，既称为闾，必有闾里，他们的居处应该在郢都，或在城里，或在郊外。以屈原的文学成就来说，他不生长在文化中心的郢都是难以想象的。屈氏始祖屈瑕的封地屈，不知在什么地方，不过自从武王、文王经营郢都以后，用情理来推测，那些王族的分支都搬到都城来居住了。

楚国自从春秋时代的成王、庄王开始，和中原交通，吸取中原的文化，已经不是蛮夷之邦了。屈原和孟子、惠施同时，那时候书籍流通，郢都是南方的文化中心。在闾里乡党里面，应该有宗庙，有教育公族子弟的学校（也许就在宗庙里面），我们可以想象幼年的屈原就在那里受教育，获得文化知识。从他后来的文学表现来看，他在早年必定在语言文字上用过很深的功夫。他的志气不凡，他也佩服古代特立独行的贤人：

嗟尔幼志，有以异兮。行比伯夷，置以为像兮。（《橘颂》）

他喜欢别致的服色，佩着一柄长剑，戴着一顶高冠：

余幼好此奇服兮，年既老而不衰；带长铗之陆离兮，冠切云

之崔巍。（《涉江》）

这佩剑、高冠不像贫贱子弟的服饰，或者是古老的屈族的徽征，表示莫敖王子的后代，有显扬祖德的意义吧。

此外，他特别爱好花草。他住过郊外的原野。在郢都附近，靠着长江，有许多湖沼洲渚，“兰皋”“椒丘”，是少年诗人喜欢漫游的地方。后来他爬上政治舞台，到不得意时，还很想回来隐居：

步余马于兰皋兮，驰椒丘且焉止息；进不入以离尤兮，退将复修吾初服。（《离骚》）

他对于植物的知识非常丰富，兰花、蕙花、申椒、菌桂、江蓠、辟芷、木兰、杜若之类的芳香植物是他特殊爱好的。那些东西在楚人的宗教里是用来歆献神明的，他喜欢这些是敬爱它们圣洁的品德。这些南国原泽的特产，在他的诗里出现得非常之多，结合诗人的爱国热情，他歌唱、赞美祖国的草木。

注释：

①王逸注《离骚》，谓屈原生于寅年寅月寅日，邹汉勋、陈玚、刘师培三家推定他生于公元前三四三年（戊寅）正月二十一或二十二日。战国时代不用干支纪年，那个戊寅年是后汉人排定甲子年表时所逆推的，和岁星纪年不合，

因为中间有岁星超辰。郭沫若据《吕氏春秋》的一个岁星纪年逆推，并计算超辰，推定他生在公元前三四〇年正月初七日庚寅，也略有差失。庚寅是初八，不是初七。我们据天文学实际推算，公元前三四〇年木星在虚危，不能称为摄提格之年。我曾经把战国秦汉间的岁星纪年作通盘考虑，得出一个结论：西汉年间的摄提格，木星在“星纪”（斗牛两宿）；战国年间的摄提格，木星在“娵訾”（室壁两宿），夏历正月和太阳同宫。因此推定屈原生于公元前三三九年阳历二月二十三日，即颛顼历的正月十四日庚寅。照我的精密推算，那天的木星在室宿十六度，太阳在室宿十二度。

二、屈原的时代及其政治主张

公族子弟得到王家的特殊教养，原来是要为王家服务的。尤其像屈原那样的优秀分子，由于才能的杰出，不久便被选拔了上去。他的才能，第一是“博闻强识”，知道的东西多，记忆力强；第二是“明于治乱”，懂得政治原理，有政治眼光；第三是“娴于辞令”，擅长文学修辞和外交语言。其时楚怀王熊槐在位，屈原在二十四五岁上，便任了“左徒”之职，位在大夫之列。这是一个高级文官，好像是王室的秘书长。由于怀王的特殊信任，他在内里起草法令，参议国家大事；出外宣布号令，接待外交宾客。他对于楚王有知遇之感，抱着无比的忠忱，幻想着远大的政治前途。

当时战国七雄，争城略地，互相侵伐，无间断地在战争漩涡中。北方以齐、秦为强，南方以楚国为大。自从威王击破了越国以后，楚的疆宇，西起长江三峡，东到东海；北边伸进到陕西、河南、山东的南部，南边有洞庭、鄱阳两湖之地。当初周人在南方所封建的许多国家，都已被楚人所覆灭。广大的人民就是当初强烈反抗大周民族主义的荆蛮、徐夷、淮夷等少数民族和商朝灭亡以后往南逃窜的商朝遗民，经过了六七百年，在芈姓王朝的统治下，融合成为一个大楚民族。他们早已从奴隶社会进到了封建社会，生产力得到解放和提高。长江流域的土地是肥沃的，物产是丰富的，吴起曾经说过一句话“楚国地多而民少”，如果统治者没有侵略的野心，这样一个国家是可以康乐自足的。当时的国防力量，有“带甲百万，车千乘，骑万匹”。所以当屈原跑上政治舞台，正是楚国强大、大有可为之时，他高瞻远瞩，自有一番抱负。

第一，他反对穷兵黩武的侵略战争。他要引导楚王修明内政，任用贤能，效法古代圣王的“王道”政治。他说：

乘骐骥以驰骋兮，来吾道夫先路。

彼尧舜之耿介兮，既遵道而得路；何桀纣之猖披兮，夫惟捷径以窘步。

汤禹俨而祗敬兮，周论道而莫差；举贤才而授能兮，循绳墨而不颇。（《离骚》）

这是儒家一派的政治理论；虽然和孟子一样，他是唯心论者，处在凶恶残暴的混战混杀的时代里，劝导国君修德息争，是符合于爱好和平的人民的利益的。

第二，为了扫除弊政，他主张法治。

惜往日之曾信兮，受命诏以昭时；奉先功以照下兮，明法度之嫌疑。（《惜往日》）

第三，当时秦国最强，尤其有侵略的野心。楚威王曾经加入“合纵”联盟，以阻遏秦国。到了怀王即位，忽而伐魏、伐齐，忽而做六国盟长，没有固定的外交策略。秦惠王用张仪为相，决心要破坏六国联盟，并且派兵攻下了蜀国，在西边和北边两面威胁楚国。屈原是坚决主张和齐、魏联好以抵制秦国的；惟有这样，才可以保障楚国的安全。

这三点都很正大。怀王一朝是楚民族兴亡、成败的转折点，关系重大。

可惜屈原空有远大的政治理想、敏锐的政治眼光，他得到怀王的信任，时期极短。他遭到同僚的嫉妒、贵族党人的仇视、敌国间谍的离间，终于被迫去职了。

《史记》上记载这样一件故事：有一位上官大夫妒忌屈原的才能，要夺取他的草稿，屈原不肯给他，他在怀王面前进了谗言，激起怀王的愤怒，把屈原疏远不用了。事实怕不是这样简单的，论屈原的才能和地位，未必就为了一件事情便站立不住；当时尖锐的斗争存在于他和“党人”之间。他说，“众女嫉余之娥眉兮”，可知仇视他的不止一人。他要求国王修明法度，任用贤能，必定要和当权的贵族冲突。

他所说的“党人”，就是指当时贪婪专权的贵族和国王左右的佞臣那内外勾结的一党。当时公族三姓之中，要数楚昭王之后的昭氏，对王室亲近，权势也最盛；在宣王朝有煊赫一世的昭奚恤，在怀王初年总揽军政大权的是上柱国令尹昭阳，和屈原同朝的有昭雎[①]、昭过［滑］、昭鼠等。公族中间的宗派主义是存在着的，照我们推测，排挤屈原最厉害的就是昭氏贵党。到秦国派张仪来楚，施用离间计，昭雎和张仪密切勾结，对立的形势更其显然。张仪来楚，在公元前三一三年，这时屈原年二十七岁，怀王用张仪为相，决定联秦，屈原必定不安于位；所以他做左徒，前后不过两三年。

怀王听信张仪，说和齐绝交以后，秦国愿送给他商于之地六百里，决定断绝齐国邦交；及至绝齐以后，张仪回到秦国，便翻过脸来不认这笔账。怀王大怒，兴兵伐秦，打了大败仗，丢失汉中；他不肯罢休，再征大军伐秦，深入秦地，战于蓝田，又大败。韩、魏知道楚国空虚，也派兵南侵，趁火打劫，楚军狼狈退守。这两个败仗大大削弱了楚国的力量，从此以后，楚国东西受敌，一蹶不振了。

屈原卸任左徒以后，还做着“三闾大夫”的官职。三闾大夫是管理公族谱牒、主持宗庙祭祀、兼教育公族子弟的一个闲职。在这时期他开始了诗的创作。首先，他制作了一篇长诗叫作《天问》，在这里面他表现了对于古代神话和历史的广博的知识，也表现了他的怀疑的和追求真理的精神。其次，他写作了一套祭神的歌曲，叫作《九歌》[②]，那是楚辞文学里突出的、最优美的杰作。

楚国各地普遍地有祠庙，人们逢年过节，打鼓、吹箫、歌唱、跳舞，娱乐鬼神，祈祷风调雨顺，五谷丰登；这赛神的歌舞本来是人民的艺术。屈原吸取人民艺术的优秀成分，加工制造出许多篇达到抒情诗极高境界的宗教诗歌。他开始用“楚歌”的调子来写诗，开始接近了人民的语言。

元张渥《九歌图》之东皇太一

元张渥《九歌图》之湘君

元张渥《九歌图》之湘夫人

元张渥《九歌图》之云中君

元张渥《九歌图》之大司命

元张渥《九歌图》之少司命

元张渥《九歌图》之东君

元张渥《九歌图》之河伯

元张渥《九歌图》之山鬼

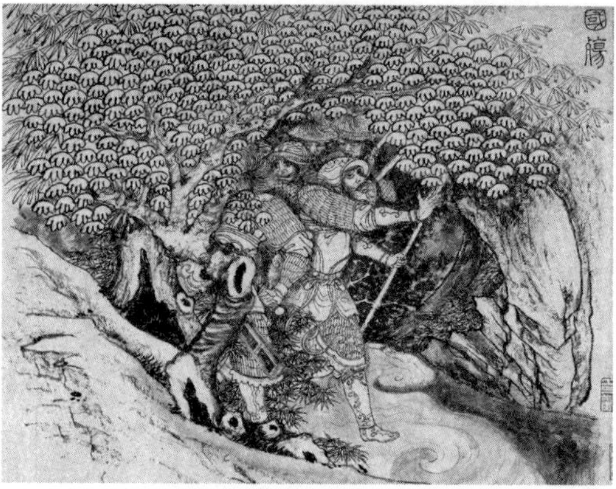

元张渥《九歌图》之国殇

悲莫悲兮生别离，乐莫乐兮新相知。（《少司命》）

心不同兮媒劳，恩不甚兮轻绝。（《湘君》）

沅有芷兮醴有兰，思公子兮未敢言。（《湘夫人》）

这样美好的抒情诗句，显然是从民间的情歌里吸收来的，充满着浓挚真切的感情。

帝子降兮北渚，目眇眇兮愁予，嫋嫋兮秋风，洞庭波兮木叶下。（《湘夫人》）

这是描写湘水女神降临在洞庭湖

边的情景，这样灵活、美丽的形象在《诗经》里面是不容易找到的。缥缈的神仙姿态融合着南国山川的秀丽。我们要问，屈原写了这许多篇祭祀神仙的歌曲，是零篇应用到许多个祠庙呢，还是集中应用在一个祠庙呢？据说，郢都东郊外有一所东皇太乙祠，乃是祀奉天帝的庙。为祭祀天帝，有迎送各个神仙的歌舞，包括云神、太阳神、河神、湘水神之类。整套的节目由女巫或男巫的合唱队歌唱，配合着繁复的音乐，可能也有扮演在内，好像希腊酒神庙的歌舞，具有戏剧的雏形。东皇太乙庙有春秋两祭，可能名义上是由楚王主祭的，三闾大夫既然是管祭祀典礼的，他大概奉了楚王之命制作这些祀神的歌曲吧。据汉朝人说，楚怀王大举伐秦，特别隆重祭祀天神的典礼，所以屈原的《九歌》里特别有《国殇》一篇，祭祀阵亡将士：

> 出不入兮往不反，平原忽兮路超远；带长剑兮挟秦弓，首虽离兮心不惩！诚既勇兮又以武，终刚强兮不可凌。身既死兮神以灵，魂魄毅兮为鬼雄！（《国殇》）

诗人用悲壮的诗句唤起为国牺牲者的强毅的灵魂！怀王刚愎自用，大举伐秦，屈原本不赞成，所以我们也可以想见当他写《国殇》这一篇诗，他的心境是怎样地沉重了！

注释：

①单看《史记》，昭睢为联齐派人物，因此近人认为他和屈原是同派，刘师培甚至有荒谬的意见，认为他和屈原是一人。本文判断他是和张仪密切勾结的，从《战国策》的记载看出。排挤屈原最力的是昭氏贵党，也从昭睢和屈原同朝而一升一沉的现象上推论出来。

②近人对《九歌》有各种分歧的说法，本文所提示的新意见是根据《汉书·郊祀志》谷永的话启发出来的。

三、《离骚》与《哀郢》

怀王伐秦失败以后，重新召用屈原，派他到齐国去重订邦交，这时他年二十九岁。秦国害怕楚齐联好，愿意送还汉中地的一半来讲和。怀王不愿得地，要求秦国把张仪交出来。张仪居然敢再到楚国，楚王把他囚了。但是他想法买通了楚王的嬖臣靳尚和宠姬郑袖，替他开释。等到屈原在齐国顺利地办好外交回来，楚王已把张仪放走了。屈原和怀王争论几句，很不愉快。他觉得怀王执迷不悟，反复无常，没有办法引导到善良的政治了，开始有离开郢都的意思。他说：

> 初既与余成言兮，后悔遁而有他；余既不难乎离别兮，伤灵修之数化。（《离骚》）

当时楚国的朝廷被一班贵族党人所把持，是非黑白不分。大家都在奔竞钻营。由于恶势力的蔓延，就是好人也都变成了坏人：

> 众皆竞进以贪婪兮，凭不厌乎求索。
>
> 兰芷变而不芳兮，荃蕙化而

为茅；何昔日之芳草兮，今直为此萧艾也！（《离骚》）

惟独屈原，他不肯和他们同流合污，宁可出外流亡而死：

宁溘死而流亡兮，余不忍为此态也！鸷鸟之不群兮，自前世而固然。何方圜之能周兮，夫孰异道而相安？（《离骚》）

他看到国家的危难，曾经有好几次直谏君王，触犯怀王的愤怒，他并不懊悔：

阽余身而危死兮，览余初其犹未悔。虽体解吾犹未变兮，岂

余心之可惩！（《离骚》）

无奈怀王对他情意益疏，同从前重用他的时候，态度完全两样。君臣之间，距离愈来愈大，他不能不自求引退了：

何离心之可同兮，吾将远逝以自疏。（《离骚》）

想到天下之大，九州各国，难道像他那样的贤才，不能够在外得志吗？但是，他不忍离开祖国。那么，到边远的地方去，或者退而隐居？四面八方的念头都转到，在极度的烦闷里，他写下了长诗《离骚》，尽情倾吐他内心的苦闷。

《离骚》是哪一年写的呢？不容

易确定。从诗里面的提示，是在诗人刚到壮年而又忧虑着老的来临，这样，在三十岁到三十五岁上都还适合。为了叙述史事的方便，我们假定屈原在三十岁的正月生辰开始写作这篇自叙的长诗。这是在公元前的三一〇年。

“离”是离别，“骚”是歌曲的名称，[①]“离骚”就是“离歌”。以形式而论，还是从巫歌的形式推进加长，成为长篇的独白抒情诗。他从自己的家世、生辰讲起，说到他的政治主张和政治斗争。有好些部分还保留着宗教诗的色彩。例如由于精神苦闷，在种种矛盾冲突里，诗人歌唱着上天下地的精神追求，确乎是神秘的。但是，从《九歌》到《离骚》，诗人屈原的发展过程已经是从纯粹的宗教诗到政治诗的道路。尤其可宝贵的是他歌唱出人民的苦痛：

长太息以掩涕兮，哀民生之多艰。（《离骚》）

我们在上面说过，除了他的姓是贵姓以外，实际上他是出身于贫穷的家庭，从下层爬上来的。因此他深切了解被压迫阶级的苦痛，而这里的“民”字也包括他自己在内的。他抱怨国王不顾人民的意志：

怨灵修之浩荡兮，终不察夫民心！（《离骚》）

他从历史观察天道，凡是不顾民心的统治政权是不能久长的：

> 皇天无私阿兮，览民德兮错辅；夫维圣哲之茂行兮，苟得用此下土。瞻前而顾后兮，相观民之计极；夫孰非义而可用兮，孰非善而可服？（《离骚》）

他说，天帝是没有偏袒的，挑选人民中间有德行的帮助他成功。只有聪明睿智的君王能够享有国土。前看往古，后顾将来，总要替人民打算，哪能不义而成功，哪能不善而服人呢？他把这样激切的言论来警告国王。他这种议论并不单为楚怀王而发，他要把他的历史哲学的

清萧云从《卜居渔父图》

真理写在他的不朽的诗篇里。《离骚》在祖国文学史上是空前的第一首长诗，也是屈原的代表作。

屈原是信仰宗教的，他信仰天道。他用怀疑和追求真理的精神研究古代的神话和历史，他重新肯定了天道，他认为天命是本乎民心的。上帝决不违反人民的意志，违反人民的意志的统治者是违反天帝的意志的。他认为他所觉悟的道理是极其正确的、极其忠诚的，他所说的，他所做的，是忠诚于天帝、忠诚于国君的。接着《离骚》的制作，他再写下一篇《惜诵》，重复申明他离开国君，离开郢都的决心，他指着上天来印证他的忠心：

所非忠而言之兮，指苍天以为正。（《惜诵》）

就在那一年，他离郢都出发，沿汉水而上，到了汉北：

有鸟自南兮，来集汉北。（《抽思》）

好像飞鸟似地离开了故乡。他日夜关念着朝廷，写作《抽思》：

惟郢路之辽远兮，魂一夕而九逝。（《抽思》）

他发挥了没有耕植、没有收获的哲理：

善不由外来兮，名不可以虚作；孰无施而有报兮，孰不实而有获？（《抽思》）

这是很可宝贵的至理名言，直到今天还值得我们反复诵读、深刻体验的。

按照楚国的地理，所谓“汉北”，在郧阳、淅川一带，北面正靠着秦国商于之地，是楚的北边境。那边正遭遇过两次兵灾，屈原不像是跑去隐居的。而且屈原在王朝是大夫的职位，他的进退也不能完全自由，必须得通过怀王。看来是经过几次谏诤，怀王不能用他，而且也憎厌了他，有意把他外放。所以屈原的离郢，一半是自愿，一半是被迫。大概他是带着三闾大夫的官衔，到那边去办理地方事务，充任县邑大夫吧。这是屈原在怀王朝的一次迁谪。

屈原离郢以后，楚国的朝政更加混乱了，尤其是由于国防的力量削弱，外交处于被动的地位，没有远见的固定的政策。首先，因为秦武王把张仪赶到魏国，昭雎也转移方向，主张联齐。秦武王死后，秦昭王立，要求和楚国结好，楚王贪着小利，又违背了对齐的盟好，这样招来了齐、韩、魏三国联军讨伐。怀王不得已，派太子到秦国去作质，讨救兵来把围解了。太子在秦国闯下一头祸事，私自逃回，于是秦国借端开衅，联合齐、韩、魏，联军分路进攻。这时昭雎和昭鼠带领重兵驻在汉北和汉中，他们互相观望，不肯主动作战，把在前线苦战的唐昧将军牺牲了。此后三年，秦兵继续不断地往南侵略，接连有残酷的战争。怀王没有办法，派太子到齐国去作质，乞求盟好。

屈原在汉北住了几年，在这样的兵荒马乱里，他是不能安居的；而且兵权掌握在他的敌党昭氏贵族手中，他也无能为力。在这战乱中间，他从边疆上被召回来。公元前二九九年，秦国又出兵攻打楚国，掠夺了北境的八城。秦昭王责备楚怀王背却前盟，一半欺骗一半威胁他，要求他到武关去再开和平谈判。其时屈原在郢，他进谏怀王，劝他不要入秦。他说："秦，虎狼之国，不可信，不如无行！"可是怀王拿不定主意，惧怕强秦，终于听了庶子子兰的怂恿，进到武关。一到武关，秦将把他劫送咸阳。因为他坚决不肯答应割地的苛刻条件，竟被秦王扣留不放。

这时楚国朝廷无主，一部分臣子要拥戴子兰，昭睢跑到齐国去把太子弄回来立了，叫作顷襄王。新王即位，请子兰做令尹，昭睢做相，他们两人素来和屈原不合，在新王跟前毁谤了他，于是顷襄王决定把屈原放逐到大江以南。

这里面是有阴谋的。从老王入秦到新王即位这混乱的阶段里，政治斗争必定很激烈。子兰是怀王的宠儿，也许就是宠姬郑袖所生，他怂恿父亲入秦，闯下大祸，先就不利于众口。屈原也发过激烈正直的言论，中伤了他。昭睢专政多年，忽而联秦，忽而联齐，反复数次，把楚国弄到这般地步，也为大众所不满。当时朝廷的清议派必定攻击这两人。所以楚国虽然无君，子兰在郢而不得立。昭睢精通权谋策略，知道自己不立一个大功，便站立不稳，所以偷偷地跑到齐国，把太子弄回来了，于是挟君以自重。他办这个交涉，许了齐国许多好处，他绝不肯让对齐外交的能手屈原跑去的。朝里有君，贵党蒙蔽一切，假借王命办事；朝里无主，纷纷攘攘，清议派抬头了，而屈原俨然是清议派的领袖。既然齐国放回太子，对楚有恩，以后对齐的外交成了国家要务，这样，屈原有被重用的可能；惟其如此，多年来的政敌昭睢不能不想法把他早早弄出去了。这回政治斗争的结果，进步力量依旧被贵党压了下去。据我们的推测，被放逐的怕也不止屈原一人。

所谓“放逐”，到底是怎样性质呢？不像后来的“充军发配”似的，有两种可能性：一是放外官。例如汉朝的汲黯，汉武帝要他做淮阳太守，他对人说：“这是不用我参议朝政，把我弃逐到外郡了。”屈原放逐到江南以后，他写过一篇《哀郢》，他说“信非吾罪而弃逐兮”，用的就是“弃逐”两字。二是合族迁徙，好比移民似的，这是对贵族严厉的责罚。例如郑国破了，郑襄公出降，他对楚庄王说：“就是君王要把我们迁到江南去，我们敢不听命吗？”又如郑袖对楚怀王说：“你要得罪秦国，先罚我们母子迁到江南去，免得遭秦人鱼肉。”所以大江以南，向来是楚国安置移民和迁谪罪臣的地方。上面我们也说过，楚悼王时，吴起要使有些贵族搬出都城，往地广人虚的地方去开发生产，这也是移民政策，大概还分配土地给他们的。屈原的放逐属于哪一种性质，史书上没有说得明白，我们也难以确定。总之，这一次敌党给他的迫害远比怀王朝的迁谪要严重。屈原全家搬出郢都，和大批移民同行。如果他还衔着王朝的使命，那么就是办理移民事宜，带领这些移民到大江以南去安置。

由于秦兵三次入寇，楚的北境普遍地遭受蹂躏，丢失了许多城市，因而人民纷纷南迁。顷襄王元年（公元前298），秦又来攻，汉北有大战发生，楚军死亡五万，析十五城（河南邓、内乡县一带）同时沦陷，又有大批流亡者沿汉水南下。郢都附近，人口激增。加以打了败仗以后的横征暴敛，人民不胜其苦，因而居民迁动得很多。屈原离开郢都，是和大批移民同行的。他在诗里写道：

> 皇天之不纯命兮，何百姓之震愆！民离散而相失兮，方仲春而东迁。去故乡而就远兮，遵江夏以流亡；去国门而轸怀兮，甲之朝吾以行。（《哀郢》）

意思是说，天不佑楚，是国君不修德所致，但是上天震怒的结果，灾祸却加在人民头上了！天啊！你为什么责罚人民呢？多少人无家可归，我也在仲春二月的一个甲日的清晨忧伤地离别国都，往东搬家了。

他坐着船恋恋不舍地回望都城，想到入秦不返的怀王，再不能够见到了；望见那些高高的楸树，想到从此以后便离别了故乡，禁不住眼泪像雨点似地掉了下来：

楫齐扬以容与兮，哀见君而不再得。望长楸而太息兮，涕淫淫其若霰。过夏首而西浮兮，顾龙门而不见。（《哀郢》）

沿长江往东，到了夏口，暂时停留下来；他登洲眺望，离郢已经很远。

这里是一片平原，人民安乐，风俗淳美。祖国是这样的可爱啊，如何能够让外族侵凌呢！

背夏浦而西思兮，哀故都之日远。登大坟以远望兮，聊以舒吾忧心。哀州土之平乐兮，悲江介之遗风。（《哀郢》）

最后，他到达了流放的地点陵阳（在今皖南的青阳、贵池、宁国、绩溪一带），住了下来。这是屈原在顷襄王朝的被放逐，我们假定在顷襄王的元年（公元前二九八年），他年四十二岁。

注释：

①游国恩解释《离骚》即“劳商”，通是曲名。我意“离”是离别，“骚”才是曲名，可能是巫曲的一种。《大招》里面的“劳商”，“劳”是曲名，参看上下文，“商”怕是动词，作“清扬其声”解，不宜连读。

明陈洪绶《屈子行吟图》

四、放逐与自沉

屈原在陵阳住着，至少住满了九年，没有复官，没有回郢的希望。他写作《哀郢》[①]一篇，追叙他出都东迁的情况。此外他还写过些什么，我们不能知道。楚怀王悲惨地死在秦国，后来归葬郢都，有人认为楚辞里面《大招》一篇也是屈原的作品，招怀王的魂的。此外，还有《招魂》这一篇，有人也认为是屈原忧伤成病，写这篇文章来自己招魂的。这两篇虽然都是艺术价值极高的长篇杰作，多数学者认为是景差、宋玉的作品，所以我们不详细讨论了。

屈原的作品必定有散失的，他的生活也留下许多空白。我们知道他离开陵阳，年纪已经五十开外；还佩着那柄长剑，戴着“切云”高冠，在秋末冬初的西风里，徘徊眺望于鄂渚（武昌）江边。受着法令的限制，他不能跨越到江北，也不能回郢。他沿着长江而西，穿过洞庭湖边，坐船往沅水上游进发；经过辰阳（辰溪）到得溆浦，已经是严冬气候了。就在溆浦山中住了下来，他写作了一首《涉江》诗，追叙旅途情况。这儿有一段很好的描写：

入溆浦余儃佪兮，迷不知吾

所如；深林杳以冥冥兮，乃猿狖之所居。山峻高以蔽日兮，下幽晦以多雨；霰雪纷其无垠兮，云霏霏其承宇。（《涉江》）

今天的湘西，在二千三百年前，属于楚国的黔中郡。那边是称为“五溪蛮夷”的少数民族所杂居，在楚悼王时起始开发，设立了几个县邑。他到这僻远的地方，是移居呢，还是有什么使命，诗里面没有说明。黔中郡的北面是巫郡，这两块地方，和秦兵所占领的蜀国相邻接，好久是秦昭王所垂涎欲得的。当初楚怀王宁死而不肯接受的苛刻条件，就是割让这两郡归秦国。想不到现在怀王的老臣屈原被驱逐到这边郡来了。

他就在这僻远的地区住了下来，想到自古以来的忠臣贤士，遇到昏君，没有不被冤屈迫害的，他相信自己的正直：

苟余心之端直兮，虽僻远其何伤？（《涉江》）

他观看“刀耕火耨”的劳动人民，想起“民生之多艰”的诗句，他愿意和田野父老们生活在一起，从前不是有一位接舆，自己剃光头发，有一位子桑伯子脱却衣冠，赤条条地来往吗？所以他也愿意在这里终老了：

余将董道而不豫兮，固将重昏而终身。（《涉江》）

但是屈原并不能在湘西终老，那个地方很不安定，是敌人所不肯放松的。屈原知道这危机，他又有什么力量呢？不知道为了什么事情，在某一年的孟夏四月，他从湘西出来，经过长沙，再往北走，竟投身到汨罗江里自杀了。奔流不息的滔滔江水成就了他早时就怀抱着的“伏清白以死直”的那个坚定的意志。在自杀以前，他写下一篇《怀沙》诗。有人说，屈原是个众醉独醒的人，因为愤世嫉俗而自杀的，《史记》上说他不愿意在浑浊的世界里偷生，宁可葬身于江鱼的腹中，这样把他自杀的动机完全解释作脱离群众的清高思想，是和《涉江》诗里“固将重昏而终身”的话矛盾的。他的自杀应该有政治原因。照我们的推测，不外乎下面两层：第一，他和贵族党人奋斗一生，有宁死不肯屈服的志节。他在《怀沙》诗里又提到他们，痛骂他们“变白以为黑，倒上以为下”，比喻作一群咬人的疯狗。虽然他被放逐在外，他们对他始终不曾放松。这回他往北走，或者更有迫辱他的命令，是他所不能忍受的。他说：

> 安心广志，余何畏惧兮？知死不可让，愿勿爱兮。（《怀沙》）

“爱”就是爱惜生命的意思。第二，当

时楚的死敌是秦，但是顷襄王认贼作父，甘心做强秦的尾巴，往齐侵略。楚国的统治阶层都只知道苟且偷安，争权夺利，惟有众醉独醒的屈原警惕着这严重的局势。他原先有政治抱负，可以担当大事，到了此刻，好比一辆载重的大车陷在泥坑里不能自拔了：

任重载盛兮，陷滞而不济。
（《怀沙》）

他眼看秦兵快要来了，祖国快要沦亡，芈姓的统治政权旦不保暮，而广大的人民也要遭受更深的苦难，为了爱祖国、爱人民的灼热的心肠，悲观失望而自杀的。

我们考查历史，在公元前二八〇

年，当楚顷襄王的十九年，秦国的司马错征调陇蜀两地的大军从西边攻打楚国，黔中郡的大部分沦陷了。屈原的自杀应该在这一年稍前，或者就在这一年上。那么他死时的年龄也快近六十了。再后两年，秦将白起从北面攻进楚国，拔取郢都，焚烧楚先王的陵墓，楚国迁都到陈（今河南淮阳县），这样大的变故，屈原未必见到了。

屈原是有矛盾的。他是公族出身，对于楚国统治者的宗庙社稷，有保卫的责任感，他和王室休戚相关，他是要维持芈姓统治的。同时他看到这统治政权和人民之间的矛盾；他殉身在这矛盾里。楚国的政治是落后的贵族专政到了腐朽的地步，秦国自从商鞅变法以来，推进了政治和军事，也增强了侵略性，楚国命定地要灭亡。他看到这矛盾，他殉身于这政治落后的祖国。他的自杀是芈楚王国的悲剧。

屈原死了以后，芈楚朝廷放弃了它的老根据地，放弃了广大的荆楚人民，让他们给强寇蹂躏；迁移到当初是徐夷、淮夷的根据地，做成一个东方国家，但也只延长了五十多年寿命，终于为秦国所灭掉。秦灭楚以后，加深压迫楚地的人民。楚国的文化被摧残，大批的文物和史料化为灰烬了。但是，人民的力量是潜伏着的，秦帝国的专制统治不过十五年，强烈反抗它的是楚地的人民。农民革命的英勇领袖陈胜、吴广是楚地的人民，争夺江山的项羽和刘邦也都是楚人，那时候有“楚虽三户，亡秦必楚”的预言，足见楚人是怎样仇视秦人，而秦灭楚以后，怎样对楚人加深压迫了。到刘邦建立汉朝，楚的文化重新发扬起来，大诗人屈原的作品被湮没了多年，到这时重放光明了。

公元前一七六年，汉文帝朝的少年博士贾谊迁谪到长沙，他经过汨罗江，投文吊祭屈原，表示他的景仰和同情心。在汉武帝朝，有淮南王刘安，他住在楚的故都寿春（今安徽省寿县），他热心收集屈原的诗篇，替《离骚》做了评赞解说，把它比美于《诗经》。大史家司马迁也到过长沙，到过汨罗，他特地在他的伟大的《史记》里加入这位诗人和政治家的传记。许多的文人模仿屈原的制作。“辞赋”文学在汉朝占文坛的领导地位。所以，这位伟大的诗人是在他死后一百五十年，才得到他应得的荣誉的。

世俗相传，屈原死的那个日子是旧历五月五日端午节。[②]赛船竞渡的风俗是起源于汨罗江边的人民拯救屈原的，称为角黍或粽子那个食品是用来吊祭屈原的。五月五日原是古老的一个节日，和屈原不相干，这些风俗事物的起源借重了这位大诗人的名望得到意义深长的解释，虽说是无稽之谈，也可见三闾大夫的遗爱永久地留在人民心里了。

（清华大学中国文学系编《祖国十二诗人》，一九五二年）

注释：

①王夫之解释《哀郢》首段，认为是白起攻破郢都，楚国东迁情况。这是在公元前二七八年的史事，如果这时屈原还活着，并且又过九年，那么年龄在七十以上了。这是不可能的。推寻史实，汉北沦陷十数城后，必有人民迁移情况，本文提供此见。

②屈原死在夏天，未必是五月五日。五月五日是古代旧有的节日，也有些忌讳和风俗。《史记》说孟尝君生于这一天，父母以为不祥，可证。

清萧云从《天问图》之烛龙荣光

清萧云从《天问图》之雄虺九首

清萧云从《天问图》之灵蛇吞象

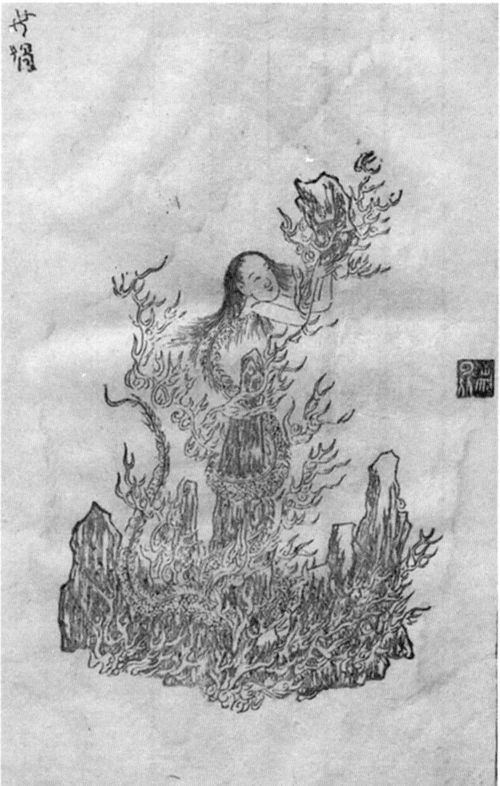

清萧云从《天问图》之女娲

清萧云从《天问图》之弹鸟解羽

清萧云从《天问图》之鸱龟曳衔永遏羽山

清萧云从《天问图》之玄鸟贻喜

清萧云从《天问图》之作革播降九辨九歌

清萧云从《九歌图》之山鬼

清萧云从《九歌图》之礼魂

出版说明

“新编历史小丛书”承自上世纪60年代吴晗策划的“中国历史小丛书”，其中不少名家名作是已经垂之经典的作品，一些措辞亦有写作伊初的时代特征。为了保持其原有版本风貌，再版过程中不做现代汉语的规范化统一。读者阅读时亦可从中体会到语言变化的规律。

新编历史小丛书编委会

图书在版编目（CIP）数据

屈原 / 浦江清著. — 北京：北京人民出版社，2019.5

（新编历史小丛书）

ISBN 978-7-5300-0433-3

Ⅰ. ①屈… Ⅱ. ①浦… Ⅲ. ①屈原（约前 340- 约前 278）—传记 Ⅳ. ①K825.6

中国版本图书馆 CIP 数据核字（2019）第 066065 号

责任编辑 高立志 邓雪梅

责任印制 陈冬梅

新编历史小丛书

屈原

QU YUAN

浦江清 著

出　　版 北京出版集团
北京人民出版社

地　　址 北京北三环中路 6 号

邮　　编 100120

网　　址 www.bph.com.cn

总 发 行 北京出版集团

印　　刷 北京汇瑞嘉合文化发展有限公司

经　　销 新华书店

开　　本 880 毫米 ×1230 毫米 1/32

印　　张 3

字　　数 26 千字

版　　次 2019 年 5 月第 1 版

印　　次 2021 年 1 月第 6 次印刷

书　　号 ISBN 978-7-5300-0433-3

定　　价 18.00 元

如有印装质量问题，由本社负责调换

质量监督电话 010-58572393